HEYNE

Für meine Familie:
Angus, Marlène und Letti

Émile Marini

Das kleine Buch vom Zen

Impulse für innere Ruhe und einen klaren Geist

Aus dem Englischen übersetzt
von Karin Weingart

WILHELM HEYNE VERLAG
MÜNCHEN

Die Originalausgabe erschien 2021 unter dem Titel *The Little Book of Zen* bei Gaia Books, einem Imprint von Octopus Publishing Group Ltd., Carmelite House, 50 Victoria Embankment, EC4Y 0DZ, England.

Penguin Random House Verlagsgruppe FSC® N001967

Taschenbucherstausgabe 09/2022
Copyright Design, Layout, Illustrationen © 2021 by Octopus Publishing Group
Text Copyright © Una L. Tudor 2021
© dieser Ausgabe 2022 by Wilhelm Heyne Verlag, München, in der Penguin Random House Verlagsgruppe GmbH, Neumarkter Straße 28, 81673 München
Alle Rechte sind vorbehalten. Printed in Germany.
Redaktion: Dr. Diane Zilliges
Umschlaggestaltung: Guter Punkt, München, unter Verwendung von Motiven von © katyau/Adobestock
Designer and Illustrator: Abi Read
Herstellung: Mariam En Nazer
Satz: Vornehm Mediengestaltung GmbH, München
Druck und Bindung: PBtisk, a.s., PŘÍBRAM
ISBN 978-3-453-70440-4
www.heyne.de

Inhalt

Einführung

Einführung: Warum Zen?

Bevor du weiterliest – ich darf dich doch duzen? –,
frag dich: Was erhoffst du dir von diesem Buch?

Was versprichst du dir von ihm? Was an ihm hat dich
angezogen? Warum hast du es aufgeschlagen? Welche
Inhalte wünschst du dir?

Diese Fragen sind keineswegs müßig, sondern durchaus
von Belang. Und zwar aus zwei Gründen:

1. Weil die Reise, die dich hierher geführt hat, nicht
   weniger wichtig ist als dein Ziel und weil
2. das Wort »Zen« im Laufe der vergangenen tausend
   Jahre so viele Bedeutungen hatte, dass es sich zu prü-
   fen lohnt, ob wir überhaupt von ein und derselben
   Sache sprechen – und das jetzt sofort, bevor es richtig
   losgeht.

Außerdem besteht das Zen praktisch *nur* aus Fragen.

Das Zen zu leben ist gleichbedeutend mit der ständigen
Suche nach der Wahrheit. Und das heißt auch, gerade
all das infrage zu stellen, dessen wir uns am sichersten
wähnen.

Was ist überhaupt Zen?

Der einfachsten (und gängigsten) Definition zufolge ist Zen *eine Richtung des Buddhismus, in der es hauptsächlich um Erleuchtung geht, vor allem um Erleuchtung durch Meditation und Intuition.* So einfach sich das anhört, gibt es da doch noch einiges aufzudröseln: Was weißt du über den Buddhismus? Und was ist eigentlich »Erleuchtung«? Wie »meditiert« man möglichst sinnvoll, und wie gehen wir so mit unserer »Intuition« um, dass wir davon profitieren können?

Auf diese Fragen werden wir noch einzeln eingehen. Zunächst aber müssen wir uns klarmachen, dass diese Definition des Zen … na ja, bisweilen falsch ist. Nicht immer. Nicht einmal meistens. Doch für unterschiedliche Menschen bedeutet Zen ganz Unterschiedliches, und das war im Grunde schon immer so. Im Zen gibt es viele verschiedene Strömungen und Ansätze. Und deshalb stellt dieses Buch – stellen alle Bücher dieser Art – notgedrungen einen Kompromiss dar.

Die kulturelle Aneignung (und Neugestaltung) des Konzepts »Zen« ist beinahe so alt wie das Zen selbst: Auf dem Dhyana (mehr zu diesem Sanskrit-Begriff auf Seite 37) beruhend, wurde es von der Chan-Schule des Buddhismus in China geprägt und gelangte vor 1300 Jahren in Korea zu Popularität. Zuletzt wurde Zen durch Psychoanalyse, Spiritualität und den unausweichlichen Kapitalismus im Westen gefiltert. In Diskussionen über das Zen ist seither oft von »Authentizität« die Rede. Sollte dich das ansprechen, ist dieses Buch nichts für dich. Genauer gesagt: Geht es dir um Authentizität, taugt für dich *kein* Buch über das Zen. Denn in seiner reinsten Form ist Zen ausschließlich eine Sache zwischen Schüler und Lehrer, Meister und Anfänger. Anhänger des Zen finden allein die Idee eines Buches als Ersatz für eine echte spirituelle Gemeinschaft lachhaft. Aber was soll's …

Über dieses Buch

Dieses Buch stellt keine Einführung in den Buddhismus dar, arbeitet jedoch mit vielen Ideen, auf denen er beruht. In mehreren kurzen Abschnitten (auf Seite 34, 50, 68 und 82) erkläre ich dir die wesentlichen Pfeiler, auf denen diese uralte, komplexe Religion beruht. Denn über das Zen zu sprechen, ohne den Buddhismus zu erwähnen, hieße, es aus dem Kontext zu reißen, seine Bedeutung und Kraft zu schmälern.

Streng genommen ist dieses Buch auch keine Einführung in das Zen als solches. Sondern eher eine Einführung in die Anwendung seiner Instrumente und Prinzipien zur Verbesserung und Vereinfachung des Lebens. Ein Leitfaden, der es ermöglicht, das Zen in den Alltag im Hier und Jetzt zu integrieren. Und zwar, ohne dass uns dabei das Streben nach Perfektion im Weg steht.

Lass mich dir eine Geschichte erzählen

Dieses Buch ist voller Geschichten (einige davon heißen »Koans«), die seit Jahrhunderten vom Meister an seine Schüler weitergegeben werden. Aus jeder können wir etwas lernen, aus manchen sogar bei jedem erneuten Lesen etwas Neues; mitunter aber dauert es auch Jahrzehnte, bis man sie verstanden hat. Koans sind dafür da, auf sie zu meditieren, über sie nachzudenken. Manche sind lustig, andere skurril oder grotesk. Einige verunsichern. Oder scheinen völlig sinnentleert. Irgendeine Bedeutung aber haben alle. Man muss sie nur finden.

Die folgende Geschichte ist kein Koan, doch ohne sie gäbe es überhaupt keine Koans, nicht einmal das Zen selbst. Denn es ist die Geschichte des Buddhas und wie er zum Buddha wurde.

Es war einmal vor langer Zeit ein Prinz. Dieser Prinz wurde sehr geliebt, vor allem von seinem Vater.

Sein Vater, ein mächtiger König, wollte, dass sein Sohn nichts als glücklich war. Deshalb schenkte er ihm alles, was er sich nur wünschen konnte, und bewahrte ihn vor allem Negativen. Da der König seinen Sohn so sehr liebte, achtete er auch darauf, dass dieser die goldenen Tore seines Palastes niemals hinter sich ließ. Er hielt nicht nur alles von ihm fern, was den jungen Mann dazu bringen könnte, vom für ihn vorgesehenen Pfad abzuweichen, sondern auch alles, was ihm das Herz schwer machen könnte. Selbst die Kranken und Alten wurden vertrieben, damit der Prinz nichts von ihrer Existenz erfuhr und nicht traurig werden konnte.

Alles im Palast war jung, vollkommen, schön und der Prinz hatte alles. Eigentlich hätte er glücklich sein müssen, und eine Weile war er das vielleicht auch. Aber Menschen sind nicht dafür gemacht, hinter verschlossenen Toren zu leben, auch nicht hinter goldenen, und so ging der Prinz eines Abends – vielleicht aus einem Impuls heraus – in die Welt hinaus. Und da sah er zum allerersten Mal ganz normale Menschen.

An vier Abenden sah er vier Menschen. Am ersten Abend sah er einen alten Menschen, der von der Zeit gebeugt und gebrochen worden war. Dabei wusste der Prinz bis zu diesem Abend nichts von Alter und Krankheit. Am dritten Abend sah er einen Toten. Dabei wusste er bislang nicht einmal von der Existenz des Todes. Er rief seinen Diener und fragte, was mit diesen Menschen geschehen sei.

Und der Diener sagte ihm: Dies geschieht allen Menschen. Leiden ist das Schicksal jedes Einzelnen.

Und der Prinz erkannte, dass es die Wahrheit war.

Am vierten Abend sah er einen Eremiten, der sein ganzes weltliches Leben aufgegeben hatte, um der Ursache dieser Leiden auf den Grund zu gehen. Und so ließ der Prinz am vierten Abend die goldenen Tore des Palasts hinter sich, um sich dem Eremiten anzuschließen. Er kehrte nie zurück. Fortan lebte er unter den Menschen und mit den Menschen und versuchte, ein Heilmittel für die Krankheit und das Leiden, das Alter und den Tod zu finden.

Oder doch wenigstens den Grund dafür.

Dies ist dein Zen

Dies war der Anfang der Geschichte des Prinzen, der zum Buddha wurde. Aber nicht um den Buddhismus als solchen geht es in diesem Buch, sondern um die Menschen. Buddhas Geschichte begann nicht in der Welt, doch er ging in die Welt. Er blieb nicht in seinem Elfenbeinturm, sondern beschloss, hinauszugehen und unter die Menschen, mitten hinein ins Leiden, mitten ins

wirkliche Leben. Buddhas Geschichte spielt sich nicht jenseits der Welt ab, jenseits unseres Alltags, sondern mittendrin. Und deshalb *können* wir die Instrumente und Techniken des Zen nicht nur in unser normales, chaotisches Leben einbringen, sondern *müssen* es geradezu.

Um so an das Zen denken zu können, dass es zugänglich und im Alltag hilfreich wird, müssen wir uns vom Gedanken an eine mögliche Perfektion befreien. Von der Vorstellung, es gebe nur eine richtige Art, das Zen zu praktizieren – mit geschorenem Kopf und orangefarbenen Roben. Stattdessen müssen wir ihn als Linse zu begreifen lernen, durch die wir, um William Blake zu zitieren, »die Welt sehn in einem Körnchen Sand, den Himmel in einem Blumenrund«.[1] Beim Zen geht es um eine klare Sicht, könnte man sagen – zuerst auf uns selbst, dann auf die Welt und schließlich auf unseren Platz darin.

---

1 Aus: *Auguries of Innocence,* hier übertragen von der Übersetzerin.

»Genau wie das Eis von seiner Natur her Wasser ist, sind alle Wesen von Natur aus Buddha«, schrieb der große Zen-Philosoph Hakuin Ekaku im 18. Jahrhundert. Dies gilt für uns alle, und so kann der Geist des Zen genauso gut hier in diesem kleinen Buch wehen – im Buchladen, bei dir zu Hause oder im Bus – wie sonst irgendwo. Es ist dein Buch, dein Leben, dein Zen. Dieses Buch ist für dich, weil du vielleicht dachtest, dass du nie Zugang zum Zen im konventionellen Sinn finden würdest. Weil du nach diesem Buch gegriffen hast und dir viel davon erhoffst. Weil du Hoffnung hast.

1

Die überfließende Teetasse und der Anfängergeist

Es war einmal ein reicher Mann, dem es an nichts fehlte. Er konnte sich alles kaufen und war gewohnt, alles zu bekommen, was er wollte. Und zwar genau so, wie er es wollte.

Als er eines Tages von einem großen Zen-Meister erfuhr, suchte er ihn sofort auf. »Öffnet meinen Geist für die Erleuchtung«, sagte er zu ihm. »Lehret mich.« Du erinnerst dich: Er war gewohnt, alles zu bekommen, was er wollte. Und zwar genau so, wie er es wollte.

Der Meister lächelte, sagte dem Mann, er solle sich setzen, und rief nach Tee. Als der serviert wurde, stellte der Meister eine Tasse vor den reichen Mann und goss ihm ein. Er goss und goss. Schließlich war die Tasse randvoll. Dann lief der Tee über. »Vorsicht!«, sagte der Reiche, doch der Meister goss weiter. Der Tee lief auf den Tisch. »Was tut Ihr denn da?«, rief der Reiche. Doch der Meister goss weiter. Der Tisch stand nun bereits unter Tee. »Die Tasse ist doch längst voll«, ereiferte sich der Mann. »Hört endlich auf!« Doch der Meister hörte nicht auf, und der Tee ergoss sich auf die teure Robe des Reichen. »Was soll das?«, rief er. »Seht Ihr denn nicht, dass die Tasse übervoll ist?«

»Du bist die Tasse«, sagte der Meister schließlich immer noch lächelnd. »Und so voll, dass nichts mehr hineinpasst. Kommst du mit leerem Geist wieder, kann ich dich lehren.«

Eine volle Teetasse

An alles, was wir uns zu lernen anschicken, gehen wir mit Vorurteilen und vorgefassten Meinungen heran. In der Erwartung, genau zu wissen, was wir lernen werden und wo uns die Reise hinführt. Ich könnte wetten, dass auch du gewisse Vorstellungen vom Buddhismus und vom Zen hast und davon, wie sie dir helfen können. Schließlich ist es ja so: Wohin wir auch gehen, wir bringen uns selbst mit und alles, was wir sind und uns über die Jahre angeeignet haben. Wir sind eine Mischung aus allen Ideen, die wir je aufgeschnappt haben.

Cogito, ergo sum, schrieb der Philosoph René Descartes: »Ich denke, also bin ich.« Damit wollte er sagen, dass Gedanken nur existieren, wenn jemand sie denkt, und dass das Denken die Existenz eines Denkenden beweist. Aber wir können diesen Satz auch so verstehen, dass wir aufs Engste mit unseren Gedanken verbunden sind. Sie machen uns zu den Menschen, die wir sind, und gestalten unser Leben. Einige unserer Gedanken sind vernünftig und

realistisch, andere sind eher spekulativ oder beruhen auf falschen Voraussetzungen. Bei manchen handelt es sich um Gefühle, etliche ergeben sich aus wenig hilfreichen Ideen. Wir sind eine Million Dinge, bestehen aus Widersprüchen, Wünschen, Leiden und Träumen – und fangen mit einer ziemlich vollen Teetasse an.

Versteh mich nicht falsch: Das soll kein Vorwurf sein. Eine randvolle Teetasse – das ist nun mal die menschliche Natur. Alle fangen als volle Tasse an (nicht nur Reiche aus buddhistischen Geschichten), und das muss ja auch nicht schlecht sein. Jedenfalls nicht, wenn wir bereit sind, daran zu arbeiten, dass die Tasse leer wird – dass sich unser Geist entleert. Und genau dabei soll dieses Buch helfen. Wir leeren die Teetasse, damit wir erkennen, was diese Tasse ist: wer wir wirklich sind.

Der Zen-Tradition zufolge sind wir bereits erleuchtet. Wir genügen längst, wir kennen die Antworten schon. Wir versuchen nicht, im Außen etwas zu finden, sondern etwas Inneres: eine Wahrheit, die sowohl für jeden Einzelnen fundamental als auch allgemeingültig ist. Die große amerikanische Meisterin Charlotte Joko Beck beschrieb das Zen einmal als einen Prozess, in dem wir uns mit uns selbst bekannt machen. Alle anderen Benefits, die diese Praxis haben mag, sind letztlich nur Nebenprodukte dieser extremen Selbsterkenntnis. Dich zu kennen bedeutet, dass du den Zusammenhang kennst, in dem du existierst. Den Zusammenhang zu kennen, in dem du existierst, heißt, dass du die Welt kennst. Und die Welt zu kennen heißt, freundlicher, fürsorglicher, bewusster zu werden. Und wer weiß? Vielleicht macht es dich ja sogar glücklicher.

Die überfließende Teetasse und der Anfängergeist

Schau genau hin

Fangen wir damit an, dass wir uns unsere Vorurteile eingestehen, uns so wahrnehmen, wie wir sind, und die Verfassung erkennen, in der wir gerade sind.

Nimm dir einen Moment, um zu registrieren, wie es dir emotional und körperlich geht: Spür deine Sorgen und Belastungen. Vielleicht möchtest du deine Beobachtungen aufschreiben. Mach dir klar, was du von diesem Buch hältst und von dieser Übung. Hat dich schon etwas angesprochen? Nein, gar nichts? (Das ist auch in Ordnung.) Beobachte dich – auch wenn du momentan höchstens weißt, wo du dich befindest. Wo bist du? Wie sitzt du? Oder wie stehst du? Tut dir etwas weh oder fühlst du dich unbehaglich? Hältst du dich gerade oder hängst du wie ein nasser Sack rum? Wie steht's mit deiner Oberkörpermuskulatur und der Wirbelsäule? Wie *fühlst* du dich?

Versuch nicht, irgendetwas zu verändern, es sei denn, du willst es. Aber denk nicht, dass du anders werden müsstest.

Der Anfängergeist

Wir können nicht sein, was wir nicht sind, und wir können nirgendwo hingehen, ohne zu wissen, wo wir eigentlich sind. In den nächsten Kapiteln werden wir uns mit Meditation, Gemeinschaft und Verbundenheit befassen. Wir werden vom Buddha sprechen, von seinen Lehren und den Drei Juwelen (oder auch Kostbarkeiten) des Zen-Buddhismus. Wir werden über Einflüsse und Handlungen sprechen, über den Edlen Achtfachen Pfad und die Drei Reinen Gebote. Wir erfahren, wie wir die Einstellungen und Anweisungen des Zen sukzessive in unseren Alltag einbauen können, und ob in einer zunehmend kommerziellen, kapitalorientierten Gesellschaft ein authentisches Zen-Leben überhaupt möglich ist. (Wir werden uns dabei auch mit der Frage beschäftigen, ob eine stark puristische Haltung hilfreich ist oder nicht vielleicht doch eher Schaden anrichtet.)

Vielleicht sind dir einige dieser Ideen bereits vertraut. Vielleicht weißt du schon ein wenig Bescheid, doch um dieses Buch – oder jedes andere über das Zen – durcharbeiten zu können, müssen wir ihm mit etwas begegnen, was als »Anfängergeist« oder auch *shoshin* bekannt ist. Demütig, mit leerer Teetasse und bereit, die Dinge hinzunehmen, wie sie kommen, als wäre es das erste Mal. Wir müssen bereit sein, alles anzunehmen, was das Leben bringt; bereit und empfänglich für die Lektionen, die es uns erteilt. Verstehst du? Wir müssen mit *shoshin* an das Zen herangehen, um auch allem anderen im Leben mit *shoshin* begegnen zu können.

Das hört sich wie ein Koan an – ist aber so: Das Zen ist sowohl Teil des Lebens als auch ein bestimmter Zugang zu ihm. Zen ist nichts, was wir aufnehmen und wieder ad acta legen können. Es kennzeichnet vielmehr einen Bewusstseinszustand, mit dem wir an alle Entscheidungen, Handlungen, Beziehungen und Gefühle herangehen. Zen ist Leben. Und das Leben, richtig angepackt, ist Zen.

Wir beenden dieses Kapitel mit einer Achtsamkeitsübung. Sie mag dir komisch vorkommen, bringt aber viel, versprochen.

Inspiriert wurde sie von den der britischen Food-Autorin Bee Wilson. Sie arbeitet eng mit einer Organisation namens *Taste Education* zusammen, der zufolge man Übergewicht bei Kindern begegnen kann, indem man ihnen beibringt, achtsam und mit Bedacht zu essen: Die Mitglieder bringen Obst und Gemüse in Schulen und fordern die Kinder auf, damit zu spielen, es zu kosten, zu berühren, zu betrachten und zu beschreiben. Laut *Taste Education* kommt es beim Essen vor allem auf Achtsamkeit an. Dabei geht es also auch um den Anfängergeist.

Das Rosinenexperiment

Für diese Übung brauchst du ein paar Rosinen. Ganz
gewöhnliche Rosinen.

(Rosinen sind ideal, weil es so viel an ihnen wahrzunehmen gibt, außerdem sind sie den meisten von uns
schon vertraut. Solltest du keine Rosinen mögen, kannst
du gern etwas anderes nehmen, Datteln zum Beispiel,
getrocknete Aprikosen oder Walnüsse. Während wir das
Buch weiter durcharbeiten, kommen wir immer wieder
auf die Erfahrungen zurück, die wir mit den Rosinen
machen. Wir werden die Achtsamkeit, die wir mit ihrer
Hilfe entwickeln, auf alles andere ausweiten.)

Nimm die Rosine in die Hand.

Stell dir vor, du hättest noch nie eine Rosine gesehen.
Nie auch nur davon gehört. Wärst nie einer begegnet.
Das hier in deiner Hand? Was ist das? Du hast keine
Ahnung.

Nun nimmst du die Rosine mit all deinen Sinnen auf: mit Augen, Händen, Ohren, Nase und Zunge.

Wie sieht die Rosine aus? Wie ist ihre Haut? Wie groß ist sie? Wie fühlt sie sich in der Hand an? Riecht sie? Wie schmeckt sie? Wie ist sie im Mund? Welche Konsistenz hat sie? Und ist die Rosine anders, wenn du sie mit den Fingern berührst oder mit der Zunge?

Iss die Rosine achtsam, ganz gemächlich, voll konzentriert. Vielleicht machst du dir auch Notizen. Fokussier dich so auf die Rosine, als würdest du nachher jemandem Bericht erstatten müssen, der ebenfalls noch nie eine Rosine gegessen hat.

Lass dir Zeit. Iss mit derselben bewussten Achtsamkeit eine weitere Rosine. Lass deinen Geist nicht abschweifen. Erzähl von der Rosine. Schreib dir erneut etwas auf. Bleib ganz bei der Frucht. Stell dir vor, du wärst Wissenschaftler oder Wissenschaftlerin und würdest alle der Rosine innewohnenden Möglichkeiten studieren.

Vielleicht kommt dir diese Übung albern vor, vor allem der Teil, bei dem es auf deine Fantasie ankommt. Mach sie bitte trotzdem. Du musst ja niemandem davon erzählen, und ich tu es auch nicht.

Diese Verspieltheit ist Teil der Weltanschauung des Zen. Betrachten wir etwas durch die Linse des Spiels, gelangen wir mitunter zu einem vollkommen neuen Verständnis weltlicher, ganz gewöhnlicher Dinge – und genau das macht das Zen aus.

Bei der Rosinenübung lernen wir, unsere gesamte Aufmerksamkeit auf ein einziges Objekt zu fokussieren – und zwar aus zwei Gründen.

Erstens als Übung: Wir wollen erreichen, dass unser Geist nicht abschweift. Wir wollen unsere Aufmerksamkeit jederzeit auf einen einzigen Punkt, auf ein einziges Ziel konzentrieren können. Statt uns von den Launen unserer Fantasie oder von unseren inneren Monologen hin und her ziehen zu lassen, wollen wir Meister oder Meisterin unseres Geistes werden.

Und zweitens: Ist dir aufgefallen, dass in deinem Geist kein Platz für irgendetwas anderes blieb, während du auf die Rosine konzentriert warst? Jedenfalls wenn du es richtig gemacht hast. Denk an die Sorgen und Belastungen, die wir zu Anfang dieses Kapitels wahrgenommen haben. Hast du während der Rosinenübung an sie gedacht? Oder eher so etwas wie inneren Frieden empfunden? Genau darum geht es bei der Meditation – darum, dass du dich einen Moment lang nicht mit deinen Problemen befasst, sondern von ihnen befreit wirst. Um die Meditation geht es im nächsten Kapitel.

Der Achtfache Pfad

Unter diesem Begriff sind die acht Schritte zu verstehen, die den Buddhismus ausmachen, die acht entscheidenden Grundsätze, nach denen Buddhisten leben. Wenn wir uns an diese Prinzipien halten, so die Auffassung der Buddhisten, können wir Befreiung aus dem ewigen Kreislauf des Leidens erlangen.

Dieser Kreislauf wird auch als Samsara bezeichnet, und das bedeutet »Wiederholung«. Immer wieder dasselbe tun. Samsara steht auch für Ziellosigkeit: für ein Leben ohne Sinn, eine Existenz ohne Anfang und ohne Ende, eine bedeutungslose Welt. Umherschweifen – wie durch eine Wüste, richtungslos. Die acht Schritte können uns daraus befreien. Sodass wir endlich Frieden finden: im Nirwana.

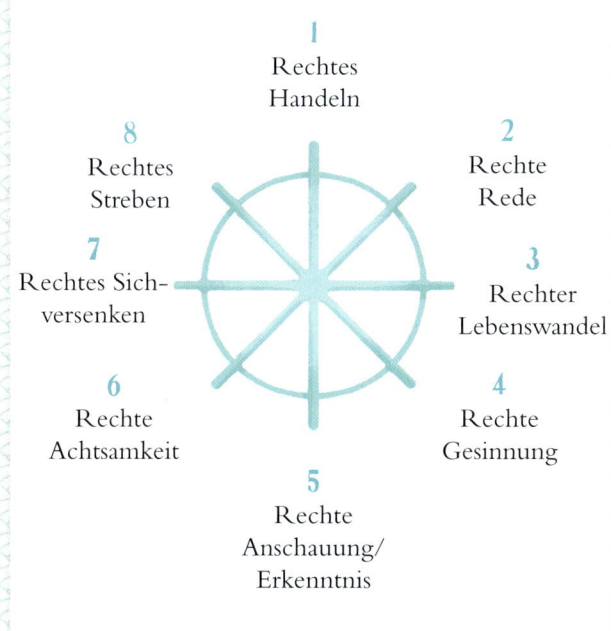

1
Rechtes
Handeln

2
Rechte
Rede

8
Rechtes
Streben

7
Rechtes Sich-
versenken

3
Rechter
Lebenswandel

6
Rechte
Achtsamkeit

4
Rechte
Gesinnung

5
Rechte
Anschauung/
Erkenntnis

2

Meditation:
Eine praktische
Anleitung

Wäre unser Geist so simpel, dass wir ihn verstehen könnten, wären wir zu simpel, um ihn zu verstehen, heißt es. Ein Paradoxon, das es wert wäre, als Koan bezeichnet zu werden. Und wie alle Zen-Rätsel lösen wir auch dieses durch Meditieren.

Bestimmt hast du irgendwelche festen Vorstellungen von der Meditation. Wahrscheinlich fließt der Tee in deiner Tasse über, während du das liest. Ich nehme an, du hältst das Meditieren für zu schwer – oder zu langweilig. Dabei ist wahre Meditation nichts von beidem. Kein perfekter Akt, sondern ein Prozess. Und du kannst gleich damit anfangen, jetzt sofort. Es geht nur darum, dass du übst, deine Aufmerksamkeit dahin zu lenken, wo du sie haben willst. Deinen Geist optimal zu fokussieren und mentale Klarheit zu erreichen.

»Meditation« ist die beste Übersetzung zweier Sanskrit-Wörter und Konzepte: *bhavana* und *dhyana*.

Das *Dhyana*, die »Schulung des Geistes«, ist eine der ältesten Ideen des Buddhismus. Sie geht auf das alte indogermanische Wort für »Kontemplation« zurück – und gilt auch als Ursprung des japanischen Begriffs Zen.

Bhavana steht für »Entwicklung« und ist aus dem Sanskrit-Wort für »Werden« entstanden. Oft wird es mit dem Begriff für »Anbauen« in Zusammenhang gebracht, also mit der Landwirtschaft. Und wie der Buddhismus-Wissenschaftler Glenn Wallis sagt, handelt es sich dabei um einen ganz gewöhnlichen Begriff. Um ein Wort, das dem Volk gehört und an Säen und Düngen denken lässt sowie daran, das Beste aus sich zu machen. Ein Wort, das mit Arbeit zu tun hat, mit Pflege und Gewissenhaftigkeit.

Über Meditation ließe sich einiges sagen – und ist auch schon viel gesagt worden, aber in diesem Kapitel will ich dir nur eine einfache Anleitung geben.

Aus physischer Ruhe und Stille heraus entwickeln wir ein Gefühl mentaler Ruhe und Stille. Das Gewahrsein des Körpers ermöglicht es uns, ein Bewusstsein für unseren mentalen Zustand zu entwickeln. Wenn wir unseren Platz in der Welt kennen und verstehen, können wir ihn auch besser einnehmen – und müssen nicht vergeblich darum kämpfen. Verändern können wir nur uns selbst. Und deshalb können wir auch so lange nichts verändern, wie wir uns nicht verstanden haben.

»Den Weg zu studieren
heißt, sich selbst zu studieren.

Sich selbst zu studieren heißt,
sein Selbst zu vergessen.«

Zen-Meister
Eihei Dôgen

Setz dich, um zu meditieren

Das berühmte, vor mindestens 1500 Jahren von dem Weisen Patanjali verfasste *Yogasutra* ist engstens mit Buddhismus und Zen verbunden. Doch während fortgeschrittenen Zen-Übenden sein Studium nur wärmstens empfohlen werden kann, ist für unsere Zwecke ein einziger Satz daraus von Bedeutung, das Sutra 2.46: *sthira sukham asanam*. Dieses Sutra wird gewöhnlich in etwa so übersetzt: »Der Sitz ist fest und leicht.« Wir werden diese Worte jetzt aufdröseln, um Tipps zu erhalten, wie wir am besten sitzen. Wie wir beim Meditieren sitzen. Ins Japanische kann »Meditation« auch mit dem einfachen Wörtchen *zazen* übersetzt werden. Es steht für Sitzmeditation, und die meisten Zen-Meditationen sind Zazen (was das Wort Zen ja bereits nahelegt).

Zazen ist das Herzstück des werdenden, des lebendigen Zen: das Sitzen und die Stille, die sowohl Übung als auch Belohnung sind, zugleich Reise und Bestimmungsort. So, wie der Buddha einst saß, können auch wir sitzen. (Oder in jeder Stellung meditieren, die für dich körperlich machbar ist.)

Asana

Wie Zazen bedeutet auch *asana* »Sitz« und »Sitzen«
zugleich. Beim Meditieren sitzen wir meistens mit
gekreuzten Beinen. Und zwar, weil diese Haltun-
gen – sowohl Lotosposition als auch Schneidersitz – am
stabilsten sind. Die Lotosposition, die Yogafans (wie
vieles in diesem Buch) bekannt sein wird, kann anfangs
ein bisschen tricky sein – beherrscht man sie aber erst
einmal, ist sie eine stabile, bequeme Haltung, in der man
auch längere Zeit gut sitzen kann. Wichtig jedoch: Die
Lotosstellung eignet sich definitiv nicht für jeden. Und
es kommt dabei viel mehr darauf an, wie sie sich anfühlt,
als wie man dabei aussieht. (Nimm zur Stabilisierung
gern ein Kissen oder eine gefaltete Decke zu Hilfe.)

Deine Augen sind geöffnet und der Blick ist weich.
Die geöffneten Handflächen zeigen ins Universum als
Zeichen dafür (wenn auch vielleicht nur für dich), dass
du bereit bist, alles anzunehmen, was es dir beschert.
Bleib dir deiner Hände bewusst; spüre, wo dein Körper
die Sitzunterlage berührt.

Sthira

Sthira bedeutet »Beständigkeit«, »Engagement«, »Beharr-lichkeit«, »Sich zeigen«, »Ausdauer«. Eine Möglichkeit, länger ruhig dazusitzen und sich zugleich voll auf das Selbst wie auf das Nicht-Selbst zu konzentrieren. (Mach dir nichts draus, wenn dir das spanisch vorkommt, mit dieser Dualität beschäftigen wir uns im dritten Kapitel.) Die praktische Bedeutung besteht darin, dass wir nirgendwo sitzen, wo wir gestört werden können; dass wir keine Position wählen, die wir nicht länger halten können, und uns nicht krampfhaft an der Lotosstellung versuchen, wenn sie uns total unbe-quem ist.

Sukha

Sukha, oft mit »Raum der Leichtigkeit« übersetzt, bezeichnet Bequemlichkeit und ein Gefühl der Freiheit (selbst wenn wir an Ort und Stelle bleiben). Denk beim Platznehmen an diese beiden Wörter: Raum und Leichtigkeit. Sie adeln dein Sitzen mit gekreuzten Beinen. Vielleicht verbindest du das mit deiner Kindheit. Und genau dieses verspielte Experimentieren ist gewollt – tun, was sich gut anfühlt; sich körperlich so frei bewegen, wie es Kinder instinktiv tun. Doch wir müssen uns auch der großen nachhaltigen Würde der Sitzmeditation bewusst sein, des Zazen. Wenn wir so sitzen, reihen wir uns in eine lange Traditionslinie von Männern und Frauen auf der ganzen Welt ein, die seit Jahrtausenden in den verschiedenen Kulturen nach Klarheit suchen. Wir werden Teil einer langen Menschenkette, deren Glieder allesamt nach etwas Höherem als sie selbst stre-

ben. Beziehungsweise nach dem Höheren *in* sich selbst. (Auch damit beschäftigen wir uns im nächsten Kapitel noch, keine Sorge.)

Experten zufolge kann *sukham* auch »himmelwärts« heißen, und so geben die beiden Wörter Shtira und Sukha dem *sthira sukham asanam* eine ganz neue Bedeutung. Die Yogalehrerin Rima Rabbath hat sich mit der Frage beschäftigt, was es heißt, zugleich beständig und weiträumig zu sein. Sowohl geerdet als auch nach den Sternen greifend. Sie vergleicht es mit Vögeln, die zum Flug ansetzen: ausgeglichen und bereit. So sind auch wir bereit, wenn wir Zazen sitzen. Bereit für das Universum. Und das Universum ist bereit, uns aufzunehmen.

Wir machen uns nun bereit für eine Übung, die allen Yogapraktizierenden bekannt sein dürfte: die einfache Beobachtung des Atems.

Die Beobachtung des Atems

Setz dich bequem hin (siehe Seite 42). Zieh die Schultern so weit zurück, dass die Schulterblätter einander fast berühren. Spann gleichzeitig die Oberkörpermuskulatur an (und stell dir dabei vor, dein Nabel käme der Wirbelsäule ganz nahe). Das ist gar nichts Dramatisches – nur eine gute Körperhaltung.

Bleib so – möglichst ruhig.

Beobachte deine Atmung – ohne irgendetwas daran zu bewerten. Versuch nicht, sie auf irgendeine Weise zu verändern. Alles ist gut, wie es ist. Wir müssen unsere aktuelle Verfassung kennen, um uns deutlich wahrnehmen zu können. Wir tun hier nichts anderes als beobachten. Es geht darum, dass du deinen Normalzustand wahrnimmst: dass du auf jeden einzelnen Atemzug achtest, den du nimmst.

Frag dich:

1. Wie fühlt sich die Atemluft in meinem Mund an, in der Nase? Und wie in der Brust?

2. Wie fühlt sich die Atemluft in der Lunge an? Gelangt sie in meine gesamte Lunge oder erreicht sie nur den oberen Teil?

3. Wie fühlt sich die Atemluft in meiner Kehle an? Warm oder kühl? Tut mir irgendetwas weh?

4. Wie fühlt sich das Einatmen an? Und wie das Ausatmen?

Geist und Aufmerksamkeit folgen dem Atem. Der Atem ist der Spirit und das Leben. In seinem Buch *Returning to Silence* vergleicht der Zen-Lehrer Dainin Katagiri das menschliche Leben mit einer Kugel, in deren ruhigem Zentrum sich die Atmung befindet. Finde auch du dein Zentrum der Ruhe. Dein Herz.

Wir beobachten den Atem, weil er mit seinem einfachen Rhythmus einen leichten Einstieg in unser Selbst bietet. Auch in der vorigen Übung war ja die Atmung das Vehikel zur Beobachtung des Körpers und zog die Aufmerksamkeit nach und nach auf Lunge, Kehle, Nase und Mund. Und du weißt ja noch, dass die Beobachtung des Selbst gleichbedeutend ist mit der Beobachtung des Universums. In unserem Inneren existieren ganze Welten. Und auch das Wunder der Schöpfung – wie immer du sie dir vorstellst. Achte also auf deine Atmung und achte auf dein Selbst; betrachte es im Rahmen unseres wild umherwirbelnden Universums, in dem so vieles möglich ist.

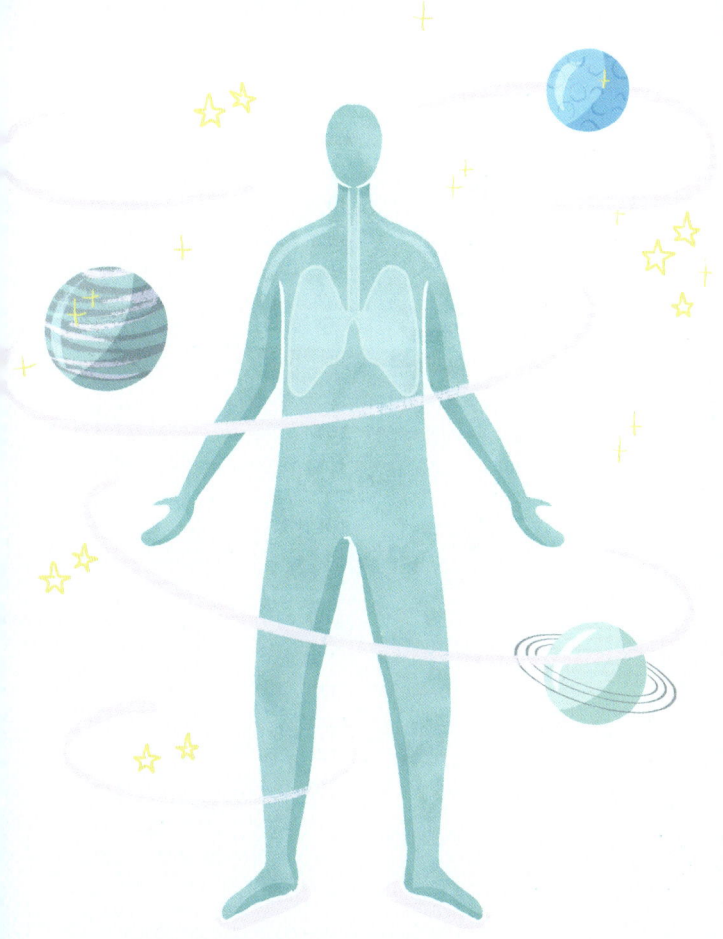

Die Drei Juwelen

Die Drei Juwelen (oft auch Kostbarkeiten genannt) sind die buddhistischen Heiligtümer, in denen du Trost und inneren Frieden findest. Sie sind, wenn du so willst, die drei Säulen, an denen du dich festhalten und auf die du jederzeit zurückkommen kannst. Im Zen nehmen wir »Zuflucht« zu ihnen. Im Folgenden stelle ich dir die Drei Juwelen vor – zunächst auf Pali und in der Theravada-Tradition und dann (etwas ausführlicher) in der Mahayana-Tradition des Buddhismus.

Buddham saranam gacchâmi.

Ich nehme Zuflucht zum Buddha.

Ich nehme Zuflucht zum Buddha und wünsche mir, dass alle fühlenden Wesen den großen Weg tiefgründig verstehen und die größte Entschlossenheit an den Tag legen.

Dhammam saranam gacchâmi.

Ich nehme Zuflucht zum Dharma.

Ich nehme Zuflucht zum Dharma und wünsche allen fühlenden Wesen, tief in den Suttapitaka (einen Text des buddhistischen Kanons) einzutauchen, wodurch ihre Weisheit so breit wird wie das Meer.

Sangham saranam gacchâmi.

Ich nehme Zuflucht zur Sangha.

Ich nehme Zuflucht zur Sangha (der spirituellen Gemeinschaft) und wünsche allen fühlenden Wesen, dass sie die Versammlung in Harmonie durchführen, ganz ohne Hindernisse.

3

Der Mond im Wasser und das Verstehen des Unverstehbaren

Wenn man anfängt, das Zen zu studieren, besteht – insbesondere im Westen – eines der Probleme darin, dass es sowohl sehr einfach als auch überaus komplex ist. Zen stellt eine Suche nach der Wahrheit der Natur dar. Nach der Wahrheit aller Wünsche, aller Leiden, der ganzen Menschheit und sogar der gesamten Existenz. Wir im Westen sind es gewohnt, schon immer genau zu wissen, was wir kriegen, bevor wir es erreichen – und so funktioniert das Zen einfach nicht. Wenn wir anfangen, etwas zu lernen, haben wir zumindest eine grobe Vorstellung davon, was wir am Ende können oder wissen. Doch das, was wir nach einem ganzen Leben mit dem Zen möglicherweise erkannt haben, lässt sich nicht vermitteln – das kann man nur erfahren. Zen ist eine Lebensweise, eine Reihe kleiner Offenbarungen dessen, was es bedeutet, in einer Welt zu existieren, die nun einmal ist, wie sie ist.

Nichtwissen, heißt es manchmal, sei im Zen die echteste Beziehung, die man nur haben könne, egal wozu. Und angeblich auch die engste, intimste. Wenn wir nichts wissen, liegt es manchmal daran, dass es gar nichts zu wissen gibt; dass wir eins sind mit der Welt und die Welt eins ist mit uns. Das nennt man »Buddha-Geist«, den Geist des Einsseins. Und der lässt sich mit Worten nicht erklären.

Es gibt viele Geschichten und Koans über Lernende, die versuchen, das zu begreifen; und viele Meister erklären freundlich, dass die Theorie zu verstehen nicht auch heißt, das Gefühl zu verstehen. Dem Statement »Geist ist Buddha« folgt auf dem Fuße: »Kein Geist, kein Buddha«. Wir versuchen, uns das Unerklärliche zu erklären: das ganz Große und das Allerkleinste. Wie kann das sein? Wie können wir über so etwas Seltsames und Gewaltiges auch nur nachdenken?

Hier haben wir ihn wieder, den Anfängergeist: diese Offenheit, diese Bereitschaft, das Universum täglich ganz neu zu sehen. Was ist eine Rosine? Was ein Mensch? Was kann ein Mensch sein?

Buddha hielt seine Anhänger zur »Freiheit von Anschauungen« an, was in unserer heutigen Gesellschaft jedoch extrem schwer sein kann. Denn bestimmt brauchen wir doch Anschauungen, um zu wissen, wer wir sind, oder? Und damit wir uns kennenlernen können, müssen wir doch auch unsere Anschauungen kennen, nicht wahr? Schließlich mahnte der Buddha seine Anhänger ja auch zu ausschließlich »rechtem Handeln« – und zu »rechter Anschauung«. Wie passt das zusammen? Das ist eine der typischen Fragen, die das Studium des Zen aufwirft. Um sie zu beantworten, müssen wir zu den ersten Prinzipien zurückkehren.

»Ich widerspreche mir selbst?

Nun gut, ich widerspreche mir selbst.

(Ich bin ja weiträumig,
ich enthalte Vielheiten).«

Walt Whitman

Erleuchtung

Das erste Prinzip des Zen ist die Suche nach der *Erleuchtung*, das heißt nach dem Erleuchtetwerden: Wir versuchen, wirklich zu begreifen und wirklich zu lernen. Und das wiederum heißt, dass es nicht reicht, ein kleines Buch zu lesen und die Antworten darin zu beherzigen. Deshalb halten viele Buddhisten Bücher auch für »tote Wörter« und sind der Auffassung, am besten lerne man bei einem Lehrer – weil das bedeute, dass du selbst üben musst. Ja, du. Du musst dich zeigen, sitzen, denken, studieren.

Wenn wir sagen, dass wir das Universum studieren, studieren wir natürlich uns selbst – das Einzige, was wir je wirklich kennenlernen können. Und sich selbst kennenzulernen nimmt ein ganzes Leben in Anspruch. Wir verändern uns ständig, entwickeln uns immerzu weiter und müssen jeden Tag neu anfangen. Wir enthalten, wie es der Dichter Walt Whitman ausgedrückt hat, *Vielheiten*. Wir sind das Universum – und das Universum ist in jedem von uns. Das müssen wir uns als Erstes klarmachen, sobald wir an das Zen denken. Wann immer wir an das Zen denken.

Die größten Wahrheiten des Universums sind wie
der Mond, und wir sind der still ruhende See, der ihn
widerspiegelt. Wir können ihn sowohl im Kleinen
reflektieren als auch mit unserem ganzen Selbst. Wir
können die Wahrheit in fallenden Fragmenten widerspiegeln wie das Wasser, das sich in unsere hohlen
Hände ergießt, oder als tiefer, kühler, von jeglichen
Sorgen unberührter See. Mir gefällt beides gut.

Der Mond im Wasser und das Verstehen des Unverstehbaren

»Erleuchtung ist wie der Mond,
der sich im Wasser widerspiegelt.
Der Mond wird dabei
nicht nass, das Wasser
geht nicht kaputt.
Obwohl sein Licht so
weiträumig und groß ist, spiegelt
sich der Mond auch in einer
zentimetergroßen Pfütze noch wider.
Der ganze Mond und der
gesamte Himmel spiegeln sich
im Tau wider, der auf dem
Gras liegt, oder sogar in einem
einzigen Wassertropfen.«

Zen-Meister
Eihei Dôgen

Wir sind eins

Das Zitat auf der vorigen Seite schenkt uns das Bild
vom Wasser, das wir uns ausborgen können, um eines
der zentralen Konzepte im Zen zu begreifen: das der
Nondualität. Nondualität, *advaya*, bedeutet, dass alles eins
ist und wir eins sind mit dem Universum. Es gibt kein
zweites Wesen, kein zweites Sein. Nur das eine. Wir
sind Wassertropfen im weiten Meer. Und erst wenn wir
das verstehen und zusammenfinden, können wir den
Mond perfekt widerspiegeln. Wir sind eins.

Lass diese Idee einen Moment auf dich wirken. Was macht sie mit dir? Bist du dir ihrer Bedeutung bewusst? Auf welche Art könnte sie sich in deinem Leben und deinem Herzen zeigen?

Das weite, komplexe Universum setzt sich aus untrennbaren Teilen eines Ganzen zusammen. Und dieses Ganze sind wir: du – jetzt, hier, beim Lesen – und ich, dazu dieser Text und alle Personen (Illustratorin, Lektorin, Buchhändler:innen und viele andere), die ihn in den Händen hatten, bevor er in Form dieses Buches zu dir kam. Du bist das Ganze und wir sind eins. Wir sind verbunden, und genau das verstehen Buddhisten auch unter »Karma«.

Karma bedeutet nicht unbedingt, alles rauszukriegen, was man reingesteckt hat. Denn es ist ja keine kosmische Bilanz. Karma heißt einfach, dass Handlungen Folgen haben. Vergleichbar mit Steinen, die in einen Teich geworfen werden und Wellen erzeugen: Alles, was wir tun, sind und denken, löst etwas aus. Ich habe von den Menschen gelernt, von denen ich unterrichtet wurde; jetzt bringe ich dir etwas bei, dann gibst du dein Wissen vielleicht auch weiter, und so werden die Ringe im Wasser immer größer. Die erste Lehrerin lehrte, ihre Schülerin unterrichtete ebenfalls und so weiter. Und nun haben wir dieses Buch für dich gemacht, damit wir die Dinge weitergeben können, die wir gelernt haben. Unsere Lebensweise und unser Handeln werden von allem, was wir tun, nicht unbeeinflusst bleiben und so auch andere beeinflussen. Wir sind eins; wir sind miteinander verbunden, prägen und verändern uns gegenseitig. Wir sind ein einziges großes Wesen. Und im Zen geht es nicht zuletzt darum, damit klarzukommen.

Wie kann das sein? Wie können wir ganz im eigenen Körper und in der Welt sein und gleichzeitig eins mit allen anderen? Wie immer beim Zen gehen einem unweigerlich über kurz oder lang die Worte aus (die »toten Wörter«), also zeige ich es dir vielleicht am besten mit einer Übung.

Sie heißt »Ganzkörperscan« und entstammt einem der moderneren Zugänge zur Zen-Achtsamkeit.

Achtsamkeit, ein integraler Bestandteil der Zen-Meditation, hat mittlerweile ein Eigenleben angenommen. Bei der folgenden Übung, die oft auch in der therapeutischen Praxis eingesetzt wird, fokussieren wir uns mithilfe der Atmung (siehe Seite 46) nacheinander auf alle Körperteile, um uns unseres gesamten Potenzials bewusst zu werden.

Ganzkörperscan

Setz dich bequem hin (siehe Seite 42) und atme ein paarmal tief durch. Beobachte auch diesmal deinen Atem. Nimm ihn wahr und begegne ihm mit Respekt.

Zu Beginn registrieren wir, wie wir uns körperlich und psychisch fühlen. Spürst du, wo dein Körper die Unterlage berührt? Wie empfindest du diese Übung? Als albern? Oder als Verwöhnprogramm? Bist du unruhig? Geht dir viel durch den Kopf?

Wir nehmen jetzt jeden unserer Atemzüge so wahr, als wäre es der allererste. Beobachte deine Atmung, den Puls, wie du sitzt und den Kontakt, den du mit dem Boden hast. Nimm bewusst wahr, wie sich die Atmung in den verschiedenen Teilen deines Körpers anfühlt. Spürst du den Atem in deinem Bauch? In den Schultern? Oder im Hüftbereich?

Jetzt richten wir unsere ganze Aufmerksamkeit auf unsere kleinen Zehen. Wie fühlen sie sich an? Vielleicht hast du deine kleinen Zehen nie zuvor so intensiv wahrgenommen (oder nur, wenn sie dir wehgetan haben). Das ändert sich jetzt. Lenk deine Aufmerksamkeit auch in die anderen Zehen. Und dann in die Fußgewölbe, Fersen, Gelenke.

Wie geht es diesen Teilen deines Körpers? Tut etwas weh oder ist verspannt? Konzentrier dich auf jede Empfindung – und auch auf deren Fehlen. Lenk dann deine Aufmerksamkeit ganz langsam die Beine hinauf, in die Waden und Knie, Oberschenkel und Hüften.

Mehr ist gar nicht zu tun. Wir müssen uns nur auf uns und unsere aktuelle Verfassung konzentrieren. Wir spüren, wie die Atemluft durch den Körper fließt und die Aufmerksamkeit von den Füßen aus in die Beine wandert, in den Oberkörper: in Rücken, Bauch, Brust. Wir nehmen alle Empfindungen und eventuell aufsteigenden Emotionen wahr. Wir verändern nichts, nehmen nur wahr und akzeptieren.

Achte besonders auf jegliches Unbehagen. Wenn du dich bewegst, tu es mit Bedacht. Bereite dich auf Bewegungen vor. Sollte etwas jucken, bereite dich aufs Kratzen vor, indem du dir die Bewegung zuerst vorstellst. Wenn es dir möglich ist, lässt du dich am besten erst mal auf das Jucken ein. Auf deine Unruhe oder das Kribbeln. Sitz ganz still und denk an dein Unbehagen. Überleg, wie groß es ist. (Bring dich aber keinesfalls in Gefahr. Überleg nur vorher, ob du dich wirklich bewegen musst.)

Atme ein, atme aus. Deine Aufmerksamkeit richtet sich auf Arme, Muskeln, Ellbogen, sie geht in deine Hände, Finger und Fingerspitzen.

Atme ein, atme aus. Lenke deine Aufmerksamkeit langsam die Arme hoch in den Nacken, die Schultern, in Kehle, Kinn und Wangen, in den Mund, in Nase, Augen, Ohren und Kopfhaut. Jeder Teil von dir zählt und verdient Aufmerksamkeit.

Um die Übung abzuschließen, öffne langsam die Augen. Nimm in aller Ruhe deine Umgebung wahr: das Licht, die Atmosphäre, deine Welt, zu der du genauso zweifelsfrei gehörst wie sie zu dir, denn beide existieren gemeinsam und sind eins. Nimm wahr, wie du die Verbundenheit empfindest, die Ruhe, das Einssein …

Die Vier Edlen Wahrheiten

Bei den Vier Edlen Wahrheiten handelt es sich um vier Tatsachen, die der Buddha erkannte und die alle das Leiden betreffen. Oder genauer gesagt die Freiheit vom Leiden: ein Leben ohne Qual und die Frage, ob dies überhaupt möglich ist. Heute ist es schwer, über sie nachzudenken, und so wie vieles im Zen scheinen auch sie fast mehr von uns zu verlangen, als sie uns geben. Für das praktische Leben scheinen sie kaum anwendbar. Trotzdem werden wir sie im nächsten Kapitel näher in Augenschein nehmen.

- **Dukkha**, die Wahrheit über das Leiden.

- **Samudaya**, die Wahrheit über die Ursache des Leidens.

- **Nirodha**, die Wahrheit über die Beendigung des Leidens.

- **Magga**, die Wahrheit über den Pfad, der zur Beendigung des Leidens führt.

4

Jeder Tag ist ein guter Tag: Zen und die Kunst des Leidens

Der Zen-Meister Ummon (auch: Yunmen) lebte vor mehr als tausend Jahren.

Der Weise war berühmt für seine Wortgewandtheit – mitunter aber auch kurz angebunden. Dass seine Sprüche aufgeschrieben und verkauft wurden, mochte er gar nicht. Doch viele stießen in seinen seltsamen, schrägen Geschichten auf tiefe Wahrheiten. Obwohl sie sich, wie es Zen-Meister Gyomay Kubose ausdrückte, »um den Norden drehten, aber vom Süden handelten«. Wie viele Zen-Meister fand auch Ummon Trost im Sonderbaren und Undurchsichtigen, er fand Weisheit in Dingen, die anderen rätselhaft oder einfältig schienen.

Von den vielen, die kamen, ihn zu hören, wurde eine bemerkenswerte Anzahl erleuchtet. Eines Tages wandte sich Ummon wie üblich an seine Anhänger und sagte: »Ich frage euch nicht nach den Tagen vor dem Fünfzehnten des Monats. Aber was ist mit denen danach? Kommt, erzählt mir was von diesen Tagen.«

Was das bedeutet? Nun, hier handelt es sich um ein Koan, das, wie viele Koans, zunächst schwer verständlich ist. Erzählt mir was von den Tagen nach dem Fünfzehnten. Was kann das heißen?

Sich einen Moment hinzusetzen und darüber nachzudenken lohnt sich. Zergliedere die Aufgabe, beschäftige dich mit ihr, mach sie dir zu eigen. Lass uns gemeinsam Zazen sitzen und überlegen: *Ich frage euch nicht nach den Tagen vor dem Fünfzehnten des Monats. Aber was ist mit denen danach?*

Zu Einsichten können wir auch gelangen, wenn wir eine andere mögliche Übersetzung dieses Koans nutzen: *Ich frage nicht vor fünfzehn Tagen, sondern fünfzehn Tage später.*

Du darfst deine eigene Antwort finden. Wie bei allen Koans gibt es nicht nur eine. Meine lautet: *Lebe jetzt.* Lebe statt in der Vergangenheit für die Zukunft. Ändere, was du ändern kannst, sofort und ohne Schuldzuweisungen. Sag mir, wohin du gehst, und nicht, woher du kommst.

Vielleicht findest du, dass dies anderen Aussagen widerspricht, die du über das Zen weißt oder in diesem Buch gelesen hast – und vielleicht tut es das tatsächlich. Wir dürfen uns widersprechen und Vielheiten anerkennen; wir dürfen alles Mögliche sein, nicht nur eines. Buddha ist Geist, Buddha ist Nicht-Geist, und wir müssen jedem neuen Moment mit Anfängergeist begegnen. Bereit zu lernen. Hinzuzulernen.

Denn die Geschichte geht noch weiter:

Ummon nämlich beantwortete seine Frage selbst mit den Worten: »Jeder Tag ist ein guter Tag.«

Nehmen wir sie mit in unsere Zazen-Sitzung, um zu überlegen, was sie bedeutet. Vor allem im Zusammenhang mit dem Leiden. Im Zusammenhang einer spirituellen Praxis, die auf der ewigen Wahrheit des Leidens beruht.

(Die Antwort, Ummon habe eben ein besonders angenehmes Leben gehabt, gilt nicht.)

Das Leiden akzeptieren

Manchmal sieht es so aus, als sei der Buddhismus – und damit auch das Zen – eine traurige Religion. Weil sie nun einmal vom Leiden als Hauptbestandteil der Conditio humana ausgeht (siehe auf Seite 68 die Vier Edlen Wahrheiten).

Diese Erkenntnis zum Kernstück einer neuen Lebensweise zu machen, kann durchaus ein bisschen streng wirken. Offen gestanden kann sich schon allein die Diskussion über das »Leiden« überheblich und einigermaßen nutzlos anfühlen. Warum also sollten wir uns länger damit aufhalten? Oder die Akzeptanz des Leidens gar zur Grundlage einer neuen Lebensweise machen?

Denken wir darüber nach, müssen wir uns zunächst den Unterschied zwischen einer Akzeptanz der *Existenz* des Leidens und der des Leidens selbst vor Augen führen.

Schon ein kurzer Blick auf das Leben beweist, dass das Leiden Teil der menschlichen Erfahrung ist: Selbst guten Menschen widerfahren schlimme Dinge. (In Wahrheit: *vor allem* guten Menschen.) Manche haben schreckliche Schmerzen, und frei von Leid ist niemand. Damit ringen alle Religionen. Denn oft ist das Leiden ja der Grund, warum sich jemand überhaupt der Religion oder Spiritualität zuwendet. Der Unterschied zwischen dem Zen und anderen Traditionen: Im Zen akzeptieren wir, dass die Welt ein hartes Pflaster ist, ohne dem Einzelnen die Schuld an seinem Leiden zuzuweisen und ohne zu akzeptieren, dass es so bleiben muss.

Wer der westlichen Tradition entstammt, in der Schmerzen oft zur Bestrafung eingesetzt werden, kann es so empfinden, als sei diese radikale Akzeptanz des Leidens (und die Methode, ihm zu entgehen) eine Art Verurteilung: Wenn uns etwas Schlimmes zustößt, haben wir es doch sicher irgendwie verdient, oder? Und ist die Aussage, Leiden sei ein universeller Tatbestand, nicht gleichbedeutend mit einer Verdammung der ganzen Welt als moralisch verwerflich? Im Zen jedoch ist Leiden keine Strafe.

Im Zen ist Leiden nur eine Folge der Existenz, die wir zu begreifen und hinzunehmen lernen müssen, um uns vom Leiden befreien zu können. Ganz schön happig, ich weiß. Und schwer verdaulich. Fast wie ein Koan: Da wir uns nicht vom Leiden befreien können, befreien wir uns vom Leiden, indem wir es hinnehmen.

Um uns vom Leiden zu befreien, müssen wir es akzeptieren und durchstehen. Wir müssen es erleben wie jede andere Facette der menschlichen Erfahrung: als genauso schön und befriedigend wie die Freude, ebenso lehrreich wie die Liebe und im Grunde identisch mit beiden. Erinnerst du dich noch ans vorige Kapitel? Es gibt nur eines. Nur das eine und nichts sonst.

Buddha sprach von drei Arten des Leidens: Leiden aufgrund unerfüllter Wünsche, Leiden aufgrund ständiger Veränderungen und Leiden aufgrund ausbleibender Erleuchtung. Für das Verständnis der buddhistischen Philosophie, die entscheidend ist für das Verständnis des Zen, ist das Verständnis dieser Leiden entscheidend.

Unerfüllte Wünsche

Unerfüllte Wünsche verursachen Leiden, weil wir etwas wollen, was wir nicht bekommen können. Gemeint sind damit nicht nur materielle Dinge – Haus, Auto, Designergarderobe –, sondern auch anderes. Denk nur an die Geschichte des Buddha (Seite 13) und was er an seinen Abenden außerhalb des väterlichen Palastes sah: den Alten, den Kranken, den Toten. Wir haben materielle Wünsche, wollen aber auch jung und gesund sein und nicht sterben müssen.

Wichtig ist: Diese Wünsche liegen in der menschlichen Natur. Und das ist kein Vorwurf. Niemand behauptet, Wünschen wäre irrational. Nein, es ist lediglich eine der Ursachen des menschlichen Leidens. Und wenn man es so sieht, lässt sich wohl kaum etwas dagegen einwenden.

Ständige Veränderungen

Dauernder Wandel verursacht Leiden, weil wir wollen, dass alles gleich bleibt – was aber unmöglich ist. Wir wollen nicht, dass schöne Dinge enden. Wir wollen diesen unaufhörlichen Kreislauf der Wiedergeburten nicht. Ebendieser endlose Kreislauf der Wiedergeburten aber macht das Leben aus. Und auch das ist leicht einzuräumen. Etwas stirbt, anderes entsteht; Kinder werden erwachsen und bekommen selbst Nachwuchs. Das Leben verläuft in Phasen und Wellen. Und mit jeder neuen Welle geht, selbst wenn sie eigentlich Freude bringt, auch Leiden einher. Das Vergehen der Zeit ist manchmal schwer zu akzeptieren, mitunter auch seltsam – und schmerzlich.

Ausbleibende Erleuchtung

Damit wären wir bei der letzten Ursache des Leidens: ausbleibende Erleuchtung. Oder anders formuliert: *fehlendes Verständnis*. Das Leiden rührt daher, dass wir weder uns selbst verstehen noch unseren Platz im weiten Universum. Daher, dass wir nicht wirklich begreifen, dass es gar keinen Wandel gibt; dass das, was einem nicht erleuchteten Geist wie Veränderung vorkommt, in Wirklichkeit nur die Verlagerung von einem Teil des Ganzen in einen anderen darstellt.

Es rührt daher, dass wir nicht verstehen, dass alles vernetzt ist. Dass wir alles haben, was wir brauchen, und nicht mehr brauchen, als wir haben; dass der Kummer des einen die Freude der anderen ist und umgekehrt. Und dass Kummer und Freude und Schmerz und Liebe alle aufs Engste verbunden sind.

Jeder, der schon einiges erlebt hat, kann das bestätigen. Wir trauern um die Toten, weil wir sie geliebt haben; und obwohl wir uns für unsere Kinder freuen, sind wir bei jedem ihrer Entwicklungsschritte traurig, weil sie groß werden und uns eines Tages verlassen.

Was also können wir tun, um dem Leiden zu entkommen? Wie können wir erleuchtet werden und es schaffen, nur das zu wollen, was wir schon haben? Wie können wir in der Gegenwart leben statt in der Vergangenheit und in dem Wissen, dass dieser Augenblick bald schon Vergangenheit ist?

»Gott, gib mir die Gelassenheit,
Dinge hinzunehmen,
die ich nicht ändern kann,

den Mut, Dinge zu ändern,
die ich ändern kann,

und die Weisheit,
das eine vom anderen zu unterscheiden.«

Reinhold Niebuhr

In vielen Traditionen und auf allerlei Wegen suchen wir nach Antworten auf die – wahrscheinlich ultimative – Frage, was wir tun können, um das Leiden zu vermeiden. Und damit, dass wir zusammen Zazen sitzen, verbinden wir die Hoffnung, zum dafür nötigen Verständnis zu gelangen. Wir hoffen zu verstehen, wie sich achtsam und im Jetzt leben lässt. Wir hoffen, jeden Tag zu einem guten Tag machen zu können, jede Erfahrung zu einer, die es wert ist, durchlebt zu werden.

Wir hoffen, lernen zu können, alles, was wir instinktiv wissen, auch intellektuell zu erfassen. Wir haben nur den Moment. Haben nur das Jetzt und müssen darin leben. Verändern können wir nur unsere Reaktionen auf die sich ständig verändernde Welt: unseren Atem beobachten, ruhig und mit Leichtigkeit dasitzen, akzeptieren, dass Freude und Schmerz zwei Seiten ein und derselben Medaille sind, und erkennen, dass jeder Tag ein guter Tag ist – wenn wir es nur zulassen.

Die Drei Reinen Gebote

Diese drei sind im Grunde das Ziel der Zen-Praxis: die Reinen Gebote, an die sich jeder Mensch sein ganzes Leben lang halten kann. Zwar scheinen sie alle dasselbe auszusagen. Trotzdem ist jedes Gebot für sich wert, Gegenstand der Meditation zu werden: Worin besteht der Unterschied zwischen »nichts Böses« und »Gutes« tun? Zwischen Gutes tun und bewusst für andere Gutes zu tun?

- Wir müssen nichts Böses tun.

- Wir müssen Gutes tun.

- Wir müssen *für andere* Gutes tun und nicht nur für uns selbst.

5

Wasch deine Schale aus: Zen und die materielle Welt

Jetzt, am Schluss des Buches, wollen wir noch einmal Zazen sitzen. Lass uns die seltsame Welt betrachten, die wir zusammen bereist haben: all die Geschichten ohne Anfang und Ende, all die Widersprüche und merkwürdigen Sätze, die sich irgendwie zu einem Ganzen zusammenfügen. Lass uns Zazen sitzen und eine ganz einfache Übung machen: bis zehn zählen.

Wasch deine Schale aus: Zen und die materielle Welt

Bis zehn zählen

Setzen wir uns wie besprochen (Seite 42) so bequem und stabil hin, dass wir auch länger in dieser Stellung bleiben könnten. Lass uns jetzt versuchen, bis zehn zu zählen. Zehn Atemzüge. Ein und aus.

Sobald du an etwas anderes denkst als an den Atem, fängst du von vorn an. Wann immer du an etwas anderes denkst als an deinen Atem, hältst du inne und beginnst von vorn. Jedes Mal, wenn du dich dabei erwischst, dass du an etwas denkst – und sei es ans Meditieren, ans Zählen oder die folgende Zahl –, stoppst du und fängst wieder neu an.

Es scheint unmöglich zu sein, und für die meisten ist es das auch.

Aber hier geht es nicht um die Zehn, nicht einmal um das Erreichen eines x-beliebigen Ziels. Sondern um den gegenwärtigen Moment, darum, die eigenen Gedanken wahrzunehmen und sie sich einzugestehen – und wenn's geht, voller Freude.

Denk an die Freuden

Im vorherigen Kapitel haben wir viel über das Leiden gesprochen und damit letztlich auch über die Freude. Jetzt geht es mir – und dir sicher auch – darum, allmählich allein weiterzugehen (obwohl wir in der Nondualität ja nie allein sind), und wir sollten noch einmal vom anderen Ende her darüber nachdenken. Lass uns die Freuden erkunden, die ein Leben im Zen-Geist ermöglicht: die neuen Freuden, die aus dem Im-Moment-Sein in eins-gerichteter Konzentration resultieren.

Der vierte Chan-Patriarch Meister Chi'i beschrieb im 6. Jahrhundert die Nichterleuchteten als »blinde Kinder einer wohlhabenden Familie, die in einem Haus voller Schätze sitzen, ohne sie sehen zu können, und sich bei jeder Bewegung nur daran stoßen und verletzen«. Wir wollen die Augen öffnen, um unsere Schätze zu sehen. Und die in diesem Buch beschriebene Lebensweise gibt uns den Raum dafür. Durch tägliche Meditation schaffen wir uns den Raum, die Dinge zu erkennen, die wir haben – uns nicht mehr zu wünschen oder zu hoffen, dass sie länger halten, sondern uns an allem zu erfreuen, was wir haben.

Denk an einen Strauß Pfingstrosen im Frühling: perfekt die Knospen in tiefem Rot, die sich am nächsten Tag rosa entfalten; perfekt, wenn ihre cremefarbenen Blüten- und safrangelben Staubblätter fallen; perfekt noch in der Erinnerung; perfekt sogar am Ende, im Wissen, dass der Sommer bald seinen Zenit erreicht. In jeder dieser Phasen bietet die Pfingstrose Anlass zur Freude und immer etwas Neues. In jeder Phase lässt sie uns wunsch-los den Moment genießen. Du denkst vielleicht, das sei nur bei schönen Dingen möglich, und ja: Bei etwas im konventionellen Sinn Schönem geht es leichter. Im Zen aber sehen wir überall Schönes, in ganz einfachen, gewöhnlichen Dingen.

Ein Mönch richtete einmal eine Bitte an Joshu, den Chan-Meister Zhaozhou Congshen.

»Ich bin gerade ins Kloster eingetreten«, sagte er. »Bitte gebt mir Anweisungen, Meister Joshu.«

Joshu fragte: »Hast du schon gefrühstückt?«

»Ja, habe ich«, antwortete der Mönch.

»Dann wasch deine Schale aus.«

In diesem Moment überkam den Mönch eine Einsicht.

Denk einen Moment über dieses Koan nach. Und über alles, was es über eine spirituelle Tradition aussagt, die alles andere als welt- und realitätsfremd ist und sogar noch eine so kleine Unterhaltung wie die des Mönchs mit seinem Meister für würdig hält, festgehalten zu werden. Denk in deiner nächsten Zazen-Sitzung darüber nach, was es bedeutet, dass sie seit Jahrhunderten weitergegeben wird: von Joshu an den Mönch, von diesem Mönch an seine Schüler und so weiter bis zu mir, der ich dir davon erzähle.

Frühstücke. Und wasch anschließend das Geschirr ab. So lautet der spirituelle Rat Joshus, des großen Weisen und Verfassers vieler Koans: Iss und wasch ab.

»Ein Tag ohne Arbeit«, sagte der große Meister Baiz-
hang im 8. Jahrhundert, »ist ein Tag ohne Nahrung.« Er
war Straßenkehrer, Bauer und Mönch. Und auf genau
solchen Menschen beruht die von ihm begründete
Tradition, die sagt: Tu deine Arbeit und dann medi-
tiere. Finde in beidem dieselbe Freude und spirituelle
Zufriedenheit.

Denk auch an den Schauplatz von Joshus Koan: ein
Kloster, in dem sich viele Menschen aufhalten. Ihnen
bist du es schuldig, dass du deine Schale abwäschst, dass
du einfach deinen Job gut machst. Und nicht erwartest,
dass jemand etwas für dich tut, was du nicht auch für
ihn tun würdest.

Erinnere dich an das dritte der Drei Juwelen: die
Gemeinschaft. Und daran, dass Karma bedeutet, dass
du die Entscheidungen, Taten und Gedanken aller mit
dir trägst und sie deine. Denk daran, dass wir alle eins
sind. Erinnere dich: Die Aufmerksamkeit, die wir auf
eine Sache richten, richten wir auf alle. Und wenn wir
unsere spirituelle Aufmerksamkeit auf etwas richten wie
das Geschirrspülen, richten wir sie auf alle Handlungen. Demut bedeutet schließlich nicht Demütigung: In
jedem dieser Dinge liegt Würde, so wie Würde in allen
Dingen liegt. Und das ist das große Geheimnis. Würde
und Zen sind in allen Dingen: Alles kann als Teil einer
Zen-Lebensweise verrichtet werden.

"

»Auf die Frage, warum er das Zen übe,
sagte der Schüler:

›Weil ich vorhabe, ein Buddha zu werden.‹

Sein Lehrer griff nach einem Ziegel und
begann ihn zu polieren. ›Was macht ihr da?‹,
fragte der Schüler. Der Lehrer antwortete:
›Ich versuche, einen Spiegel herzustellen.‹

›Aber wie kann denn aus dem Polieren
eines Ziegels ein Spiegel entstehen?‹,
wollte der Schüler wissen.

›Wie kannst du ein Buddha werden,
indem du Zazen sitzt?
Wenn du das Sitzen verstehst, weißt du
auch, dass es beim Zen nicht ums
Sitzen oder Liegen geht. Wenn du lernen
willst, wie ein Buddha zu sitzen, dann wisse,
dass es keine feste Form hat. Triff keine
Unterscheidungen im nicht beständigen
Dharma. Wenn du zu sitzen übst wie ein
Buddha, musst du Buddha töten. Solange
du noch am Sitzen hängst, beherrschst du das
wesentliche Prinzip noch nicht.‹

Der Schüler hörte diese Belehrung und ihm war,
als koste er süßen Nektar.«

Zen-Meister
Eihei Dôgen

Wir müssen nur die über das ganze Buch verstreuten achtzehn Gebote beachten und sie mit so viel Sorgfalt und Würde in unser Leben integrieren, dass sie uns zur zweiten Natur werden. Ist das richtig? Tue ich das Richtige? Bin ich auch die beste Version meiner selbst? Diese Fragen sind natürlich nicht neu. Alle Menschen stellen sie sich – und alle Menschen können mit der Zeit ein Buddha werden. Der Buddha ist in jeder und jedem von uns, und das Zen ist uns allen zugänglich.

Der Mönch, dem Joshu auftrug, seine Schale auszuwaschen, schrieb später ein Gedicht, und über diese Zeilen, diese seltsamen, eindeutigen, entwaffnenden Zeilen, könntest du beim nächsten Mal nachsinnen, wenn du wieder Zazen sitzt.

Weil es so glasklar ist,
dauert es länger,
zu der Erkenntnis zu gelangen.

Wenn du sofort weißt,
dass Kerzenlicht Feuer ist,
ist das Essen längst gekocht.